www.tredition.de

AF177846

Als Musiker, Liedermacher und Autor gibt Erhard Kaupp seine täglichen Beobachtungen aus dem Alltag mit einem Augenzwinkern an diejenigen zurück, die ihm die Ideen dazu geliefert haben. Wie schon im ersten Taschenbuch „ Gut Geschüttelt"[1] geht es wieder um Beobachtungen aus Alltag. In erster Linie aus der Heimat des Autors, der 1957 in Überlingen am Bodensee geboren wurde. Weshalb auch dieser Titel gewählt wurde, obwohl; bei näherer Betrachtung könnten sich diese Geschichten genauso woanders zutragen. Mit einer ordentlicher Portion Selbstironie, in gewöhnlicher und einfacher Umgangssprache alles gut durcheinander geschüttelt und dabei in Reim-Form gefasst, ist es nicht ausgeschlossen, dass sich der eine oder andere selber in einer der meist humorvollen Geschichten zu erkennen glaubt.

[1] Ebenfalls erschienen bei tredition, s. S. 139

www.tredition.de

© 2016 Erhard Kaupp

Umschlag, Illustration

Verlag: tredition GmbH, Hamburg

ISBN

978-3-7345-3886-5	(Paperback)
978-3-7345-3887-2	(Hardcover)
978-3-7345-3910-7	(e-Book)

Printed in Germany

Erhard Kaupp

Heimat

Heitere Kurzgeschichten vom Bodensee

Inhaltsverzeichnis

Ebenfalls erschienen ist:

Natürlich im handlich, praktischen Taschenformat

Wochenmarkt

In meiner Stadt ist Wochenmarkt.

Hier sind die Bauern voll in Fahrt

verkaufen dort viel frische Waren,

die der Kunde zahlt mit Barem.

Kunterbuntes Allerlei,

auch viel Gemüse ist dabei

was für uns Menschen so gesund.

Doch wem denn tue ich das kund´,

weil längst schon weiß es jedermann,

was Gemüse alles kann.

Und welches Kraut tut was bewirken,

wie für die Kopfhaut Saft von Birken,

erfahren wir am Kräuterstand,

der bekannt im ganzen Land.

Topf an Topf in Glied und Reih´,

ein buntes Kräuterallerlei,

frisch von Wiesen vor der Stadt

Frau Ding für uns gesammelt hat.

Kräuterhexe sie genannt,

so ist sie allen hier bekannt.

Sie kennt sich aus mit all dem Kraut,

wie man es nimmt und wie verdaut,

und bringt es lächelnd an den Mann,

auch an die Frauen, dann und wann.

Doch irgendetwas stimmt hier nicht,

das frag die ganze Zeit ich mich

wie ich so steh vor ihrem Stand,

der als Kräuter-Bus bekannt.

Darin dies blonde, hübsche Wesen.

Ähem . . reiten Hexen nicht auf Besen?

Radieschen, Gurken und Spinat,

auch viele Sorten an Salat

Knoblauch, Schnittlauch und Tomaten

Alles kommt frisch aus dem Garten.

Ha, ha, ha - Garten sage ich so leicht –

Garten-Industrie vielleicht!

Denn riesengroß sind all die Felder,

die eingebettet zwischen Wälder

liegen um die Stadt drum rum.

Die Grenzen grad, und auch mal krumm

verlaufen meist am See entlang.

Woher auch kommt des Fischers fang.

Der hier am Markt wird präsentiert

meist fix und fertig filetiert.

Er hing auch schon im Rauch
perfekt für meinen hungrig´ Bauch.
Mit Gewürzen voll beladen
steht an der Ecke noch ein Wagen.
Es duftet hier ganz ungefährlich
nach der weiten Welt, ganz ehrlich!
Von Curry, Kümmel, Paprika,
in Pulverform ist alles da.
Was des Koches Herz begehrt,
der von Kochen was versteht.
Pfeffer, Salz und Chilischoten,
Trockenfisch von den Lofoten.
Alles das in Pulverform,
in einer Auswahl, die enorm.

Auch Bauer Emil seine Oma,
steht heute wieder einmal da.
Im Weidenkorb die frischen Eier,
ein paar davon vom Nachbar Maier.

Nicht das was Sie jetzt denken,

um die Gedanken zurück zu lenken,

ich meinte die des Nachbars Hennen,

(der Maier heißt und wohnt det dennen[2])

Die Eier sind noch lege warm

die Oma bietet Kunden an.

Ihre Rente ist nicht üppig,

da bleibt im Monat nicht viel übrig,

so kommt sie zwei Mal in der Woche,

hier her zur Wochenmarktmaloche.

Doch weil beim Markt wird

nichts verschenkt,

sie hat noch einen Konkurrent.

Doch steht der auf der andren Seite,

und sucht nach seiner Kundenbeute.

Immer ist er gut gelaunt,

stets fröhlich, ja man hört und staunt

---

[2] Dialekt für: dort drüben

wenn er, bekannt durch Bart und Mütze,

erzählt uns stets die neusten Witze.

Auswahl wie in einem Laden,

hoch gestapelt auf dem Wagen,

dahinter steht der Eiermann,

und preist dort seine Eier an.

Die er verkauft an Kunden,

die wöchentlich hier drehen Runden.

Ja treten sie nur näher ran,

und schau´n sich diese Eier an

die er uns zu bieten hat.

Er in der Stadt die größten hat.

Auf einmal riecht es streng nach Socken,

weil uns tut Duft von Käse locken.

Große Laibe und auch Kleine,

viele Löcher, oder Keine,

alles liegt vor unsrer Nase.

Gehüllt in eine duftend´ Blase,

die förmlich vor uns explodiert,

und uns zum Kaufen animiert.

Der Käsemann, der mir nahm´s Geld weg

war offenbar sehr stark erkältet.

Hat deswegen grad genossen,

und dabei seinen Käs begossen.

Der nur den Reifegrad erreicht,

bleibt er stets gekühlt und feucht.

Obwohl Hygiene und Verordnung,

für mich geht das in Ordnung.

Bekomm doch echten Käse hier,

der arme Kerl kann nichts dafür.

Für mich nur zählt die Handarbeit,

statt Industrie mehr Menschlichkeit.

Was bei Gemüse Kraut und Pinkel,

ist frisches Brot gemacht aus Dinkel.

Aus Weizen gibt´s ein helles Kilo,

Sauerteig aus Roggen sowieso.

Dazwischen frische Brezeln duften,

wie Wiesel flink die Mädels schuften.

Große, kleine, lange Brötchen.

Weißbrot und Rosinenknötchen.

Die Mädels sich nach vorne bücken,

ich weiß nicht, wohin soll ich blicken,

wenn vor mir liegen wunderbar,

die Brötchen im Gesichtsradar.

So habe ich die Qual der Wahl.

Ich schaue wieder, beim nächsten Mal.

Brötchen in allen Körbchengrössen

Ich weiß, ich kriege Ärger gleich,
gutes Gemüse ist für mich „ Fleisch"!
Doch tut mich jetzt nicht gleich verklagen,
wenn ich steh am Metzgerwagen.
Ein jeder kauft, was er für richtig
hält und für ihn wichtig.
Ob nun Vegan oder auch nicht,
dazu braucht es kein Gericht.

Das kann doch jeder selbst entscheiden,

will er sehen Pflanzen leiden,

die von Tieren weggefressen.

Was könnten wir denn sonst noch essen?

Ich für mich entschlossen hab,

zum Steak gehört nun mal Salat.

Darüber Meersalz, ein Prise,

Bratkartoffeln und Gemüse.

Es könnte sein so wunderbar,

es blieb für alle etwas da.

Für zu Hause auf den Tisch,

kommt aus Alaska frischer Fisch.

Gut gekühlt, man will´s nicht glauben,

mausetot bis in die Augen.

Fein zerlegt, so importiert,

als Fischfilet wird präsentiert.

Gebacken im Gefäß aus Ton,

spür ich ihn auf der Zunge schon.

Stinkt´s auch zu Haus nach Fisch
im Raum,
auf der Zunge ist´s ein Traum.

Auch Frankreich ist am Markt vertreten.
Mit Köstlichkeiten aus den Gärten,
auch frisch gepflückt von einem Baum
ist es meines Gaumens Traum.
Oliven gibt es aller Art,
sind auch in Form von Öl am Start.
Aus der Provence Lavendelhonig,
vom selben Kraut Erfrischungstonic
das nun hängt als Körperduft
in unsrer frischen Altstadtluft.

Herr Bauer dort am hinteren Stand
der ist mir nicht unbekannt.
Tut er so manche Köstlichkeiten
unterm Käufer-Volk verbreiten.

Es findet sich dort unter Anderem,

Likör und Schnaps aus deutschen Landen.

Zum Probieren gibt es Most,

der gut wirkt, und auch nichts kost.

Meist frägt mein Magen mich sodann,

nach einem Leberkäse an

der verpackt in frischem Brötchen.

Danach braucht es ein stilles Örtchen.

So werden Dinge aus der Welt,

auf unserem Wochenmarkt zu Geld.

Einkaufen wird so zu einem Erlebnis,

wenn auf dem Teller man sieht

das Ergebnis

in Form von Gemüse und Allerlei

frisch vom Feld ist alles dabei.

Jetzt braucht es nur noch eine Köchin

die in der Küche bei mir drin.

Denn so wie es die Leute sagen,

soll Liebe gehen durch den Magen!

Das ist es, was uns Männer hält,

und uns gefällt auf dieser Welt.

So stehen wir zu starken Frauen

die sich im Kochen etwas trauen.

Denn nur gut aussehen bringt es nicht,

füllt es doch meinen Magen nicht.

Endlich gibt es vegane Tankstellen

Regenwetter

Schritte auf dem Kopfsteinpflaster,

über mir der Himmel grau

Gedanken kreisen ständig,

wie schön wär himmelblau.

Stattdessen dicke Wolken,

die auch nicht mehr ganz dicht,

sie lachen dicke Tränen

über mein verzerrt´ Gesicht.

So geh ich übers Pflaster

durch die Straßen meiner Stadt,

schon seit 800 Jahren,

sie Kopfsteinpflaster hat.

Fachwerk zieren Häuser,

und alte Schmiedekunst,

verschwimmen eins zu eins,

im dichten Nebeldunst.

Im Brunnen plätschert Wasser,

der dort oben steht am Tor,

wie ein Pudel, der begossen,

sitzen Tauben nass davor

und picken lustlos nach den Krümeln,

die verstreut dort liegen rum.

Auch der Dackel, der dort Gassi geht

schaut regenwetterdumm.

Wasser steht am Bordstein

schon Zentimeter hoch,

„Noch muss ich nicht schwimmen,

Laufen geht grad noch"

so stellt ich mir ironisch,

das grade eben vor.

Setz mich ins nächste Cafe,

und nehm es mit Humor.

Bestell mir Cappuccino

und schau zum Fenster raus,

so halt ich schlechtes Wetter,

gerade noch mal aus.

Selbstporträt

Selfie (früher nannte man das noch Selbstporträt)

Meist über ich Klavier,

allein in meinem Zimmer.

Dort soll mich keiner hören,

weil mein Spiel wird immer schlimmer.

So spiele ich nun Stunde um Stunde,

allein mit mir in einer Runde.

Feile rum an jedem Ton,

frage mich was hilft das schon.

Ich bin ein hoffnungsloser Fall,

der im Kopf hat einen Knall

dessen Überdruck muss raus

bevor der Ofen ist ganz aus.

Denn wie so oft im Leben

dem Künstler erst Applaus gegeben

nach dem er lang schon nicht mehr lebt.

Und seinen Ruhm er so vererbt.

Doch möchte ich noch lange bleiben,

Musik spielend die Zeit vertreiben.

Werd´ quälen noch so manches Ohr,

was hoffentlich kommt nicht oft vor.

Zumal von etwas muss ich leben,

so mache ich, was mir gegeben.

Ich schreibe, dichte, reime rum,

dabei die Zeit geht recht schnell um.

Hab ich dann mittags ausgepennt,
greife ich zum Instrument.
Nur der Untermieter mir nicht dankt,
den ich mit schrägem Ton betank.
Geb dabei nur mein Allerbestes,
entweder er versteht es, oder lässt es.
So klopft er meistens an die Wand,
sein Taktgefühl mir schon bekannt.
Es kommt einmal der große Tag,
an dem den Kerl ich nicht mehr mag,
und stell ihn dann als Sänger ein.
Ich hoff, ich krieg ihn damit klein
wenn vor der Bühne Menschenmassen
für schlechtes Taktgefühl ihn hassen.
Ich bin für mich dann ganz fein raus,
und übe weiter hier im Haus.

Radolfzell

Ein Stadtrundgang für Neigschmeckte[3]
und andere Auswärtige

Ich fang am besten vorne an,
kommend von der Autobahn.
Diese ich verlassen hab
und fahr nach Süden, leicht bergab.
Du kommst vorbei am Waldfriedhof,
wobei das finden manche doof.
Weil drüben an der Haltestelle
messen Blitzer auf die Schnelle
die Autos, die zu schnell gefahren.
Ein typisch, männlich Kraftgebaren?
Ein Foto gibt es wunderbar,
vom Fahrer, Auto – scharf und klar,
als erstes Souvenir der Stadt,

---

[3] Dialekt für: Neu zugezogen Mitbewohner

was Radolfzell zu bieten hat.

Schon kommt der erste Kreisverkehr,

wo man blickt erst hin, dann her.

Die Weinburg links ein jeder kennt,

wo alles wohnt was prominent.

Wem das tat bisher nicht gelingen,

wohnt daneben, in Markelfingen.

Als ganz besonderes hat dafür,

den See direkt vor seiner Tür.

Nun will ich zeigen Euch die Stadt,

die echt etwas zu bieten hat.

Mit Freude auf ein kühles Bier,

lass´ ich die Brücke hinter mir,

die spannt sich über die Bahn,

die hier kommt aus Wahlwies an.

Doch weil ich habe großen Durst,

ist mir das alles erst mal Wurst.

Gehe weiter Richtung Stadt,

wo´s die schönsten Kneipen hat.

Wieder kommt ein Kreisverkehr,
wo ich schaue hin und her.
Zur Industrie geht rechts hinaus,
zur Altstadt fahr ich grade aus.
Vorbei am Outlet-Store, schön grau,
ein riesen großer Betonbau,
der optisch nichts zu bieten hat.
Im Gegensatz zur alten Stadt.
Einzuplanen eine Stunde,
ist für eine Altstadtrunde.
Geh ich nun rechts, oder nach links?
Nach Auspuffgas am Parkhaus stinkt´s.
Ich lass die SeeMaxx Tour heut aus,
geh´ Richtung Bahnhof grade aus.

Entlang am Höllturm läuft ein Graben,
wo Goldfische im Brunnen baden,
und Blumen blühen, und Gewächse.
Auf einer Bank ein Mann isst Kekse.
Daneben düngt sein kleiner Hund
den Rasen biologisch. Das ist gesund!
Am Ende an der Mauerecke,

gegenüber einer alten Hecke,
geht´s unterm Baum ins Städtchen rein
zur Villa Windschief, dem Altersheim.
Ein Prachtgebäude, schief und krumm,
seit 15 40 hier steht rum
mit seinem ganz besonderen Flair.
Ach wenn es doch nur meines wär!

Hinter mir lass ich das Haus
geh weiter, immer grade aus.
Tauch ein in eine andre Welt,
die hier schon viele Jahre hält.
Herausgeputzt sind die Fassaden
mit ihren alten Fensterladen.
Hier reiht sich ein Geschäft zum andern,
verleitet Frau zum Shoppingwandern.
Hier gibt es neben Lederschuhe
auch Kleider (Fummel) aus der Truhe.
Auch ich inzwischen fündig hier,
und gönne mir mein kleines Bier.
Ein Reiseleiter hat´s nicht leicht.
Ob da eine Kneipe reicht?

Noch ist die Altstadt nicht beleuchtet
geh ich befüllt und auch erleichtert
nach links hinaus zum Bodensee.
Dort wo ich noch den Boden seh´
weil Niedrigwasser im Moment,
wie man es im Winter kennt.

El Nino -
Zinnstatue an der Radolfzeller Mole

Neben angespültem Treibholz
zeigt uns El Nino voller Stolz,
was er als Mann zu bieten hat.
Knapp überm Wasser. Wer hat, der hat.

So lässt von Wellen er, den weichen
sich täglich seine Dinger streicheln.

Touristen laufen rauf und runter,
die Blicke stur, und gar nicht munter.
Vielleichts liegt´s an der Jahreszeit,
weil Winter, Zeit der Traurigkeit
der Mensch so oft empfindet,
weil tagelang die Sonn´ verschwindet.
Dann im Frühling voller Kraft,
zurück bringt den Platanen Saft,
die danken es mit vollen Blättern
bis zum Herbst. Bei allen Wettern.

Im Sommer sieht´s ganz anders aus
Da lachen Herzen grad heraus.
Am Ufer toben Menschenmassen,
in dichten Scharen aller Klassen.
Auch laufen viele mit dem Hunde,
schon zur frühen Morgenstunde,
entlang der grünen Promenade.
Die so verschissen wird. Wie schade!
Manch Touri drückt so ein Knödel platt,
der Platz im Rasen genommen hat.
Verblendet durch den Bodensee,
der hier ist besonders „schee"

Während im Hafen die Jachten liegen,
über mir die Möwen fliegen
und respektlos wie Spatzen und Meisen,
von oben auf die Boote schei ...n.
Am Horizont da seh´ i,
die halbe Insel Höri.
Auf der, wie jetzt TV - bekannt,
die Zwiebel in Bülle wurd umbenannt.

Im Sommer vorn am letzten Baum,
ein Mann erfüllt sich seinen Traum.
Stets freundlich ist der Sepp bekannt
nicht nur bei uns im Badner-Land.
Balanciert dort Kieselsteine,
tut grad so als wären´s seine.
Jedoch macht Menschen damit Mut,
weil innere Balance für Alle gut.
Für jeden hat ein offenes Ohr,
was leider kommt zu selten vor.

Nun verlass ich diesen Mann,
pirsch weiter mich zur Altstadt ran.
Hol tief Luft, den Atem still,
ich durch die Unterführung will.
Darüber liegen Bahngeleise,
von wo es geht auf große Reise.
Strategisch überhaupt nicht doof,
daneben ist der Hauptbahnhof.

Schon von weitem zu erkennen,
zwischen Dächern mit Antennen
ragt hoch hinaus der Münsterturm,
um den man nicht kommt drum herum.
Will man im Turm hinauf ratzfatz,
dann sähe man den Münsterplatz.
Doch ist es weit bis ganz nach oben,
und die Lunge wird verschoben.
Und schaust durchs Fenster dann hinaus,
hängt dir zugleich die Zunge raus.
Warum also nach oben geh´n,
wenn´s drunt´ im Eis-Cafe so schön!

Zweimal die Woche ist hier Markt,
ein Bummel ist dort angesagt
um viel Gemüse zu erkaufen.
Bummeln sagte ich, nicht Laufen,
weil das ist Entspannung pur.
Mach was du willst, ich sag´s ja nur.
Im Blickfeld vor uns steht ein Schloss
mit Fahrstuhl bis ins Obergeschoss.
Die Bücherei sich drin versteckt,
die neulich ich für mich entdeckt.
Zwischen rustikal Gebälk zu lesen,
ist für mich völlig neu gewesen.

Um die Eck steht´s Amtsgericht,
mit auf den Bahnhof freie Sicht.
Zum Mettnaupark und Krankenhaus
ging´s hier nach Osten weit hinaus.
Doch will ich heut nicht so weit laufen,
tu lieber mir ein Eis erkaufen,
und das beste weit und breit
gibt´s bei Hernando, gar nicht weit.
So dreh ich auf der Brücke um,
geh´ um den Rittergarten rum.
Der Kirchturm in der Sonne blitzt,
die eben den Asphalt erhitzt.

Lauf langsam wieder Richtung Stadt
Die echt noch Atmosphäre hat.
Fachwerk leuchtet an den Wänden,
gleich klebt Eis an meinen Händen,
auf das ich mich schon so sehr freu,
bin dort als Kunde immer treu.

Nicht alles Gute kommt von oben,
kann deshalb keine Tauben loben
die hoch droben über Dächer,
haben ihre Schlafgemächer.
Nicht wegen Tauben, die dort wohnen
kann ein Blick nach oben lohnen.
Wo fast so hoch wie Nebeldunst
perfekt sich zeigt der Fachwerk Kunst.
Hier zu wohnen hat schon Stil,
nur Parkplätz gibt´s nicht all zu viel.
Jedoch kann alles sich hier kaufen,
man muss halt etwas weiter laufen.
Laufen ist, ich sag´s ganz ehrlich,
sehr gesund. Und ungefährlich.

Dank Fahrzeugsteuer eingespart,
man extra Kohle hat parat
Und das schöne ist am Laufen,
man kann auch mal ein Bierchen s. . !

Weiter geht es durch die Stadt,
die einiges zu bieten hat.
Manche Läden sind sehr klein,
doch vom Inhalt her sehr fein.
Pralinen werden handgemacht,
´ne Puppe durch ein Fenster lacht.

Musik erklingt aus einer Kneipe,
beschallt bis vorne raus die Leute.
Wo ein Menschenstau im Weg
Befindet sich am scharfen Eck.
Wo Kurgäste mit Eingeborenen
stoßen an mit Wein der vergoren.
Dort lass dich ruhig nieder
und pflege deine müden Glieder
bis du fertig bist. Danach!
Willst nur noch schnell ins Schlafgemach.
Denn kannst du hier nicht widersteh´n,
was soll´s, das ist dann dein Problem.

So geh ich weiter durch die Gassen,
schneid an Schaufenstern Grimassen.
Schau mal hier, und schau mal da
für mich die Stadt ist wunderbar.
Thai Massage, Bäckerei,
für jeden ist hier was dabei.
Bücherei und ein Spiele- Land,
und neben einer Bank ´ne Bank.

Fahrräder gibt es hier zu kaufen,
für Leute die zu faul zum Laufen.
Im Zeitungsladen kann man lesen,
was gestern, morgen und heut gewesen.
Auch Apotheken gibt´s, natürlich!
An jeder Ecke wie so üblich.
Es wird verputzt und viel gemalt,
das alles dient dem Stadterhalt.
Noch mehr geputzt, und auch gefegt,
Sauberkeit ist nie verkehrt.
Wer in der Stadt nicht möchte wohnen,

der kann sich auf der Mettnau schonen.
Ein Kurgebiet im Schilfgebiet,
wo Sommer´s manche Schnake[4] fliegt.
Dort findest du Erholung pur.
Zwischen Menschen, die in Kur,
in Radolfzell sind angekommen,
von Eingeborenen aufgenommen.
Herzlich, freundlich, immer schon,
bei uns am See so Tradition.

Wer nun nicht länger hier will weilen,
für den hätt ich noch viel mehr Zeilen.
Könnt so viel Schönes noch berichten,
über das was man kann sichten.
Vielleicht hilft´s auch bei der Suche
Blättert weiter hier im Buche.
Doch schlag ich vor, kommt einfach her,
überzeugt Euch selber, bitte sehr.

---

[4] Einheimische Stechmücke

All das will ich

Möcht mit dir tanzen fröhlich sein,
mal tun als wär'n wir Kinder klein.
Späße machen, dabei Lachen,
und verrückte Dinge machen.
Durch Regenpfützen mit
dir springen,
dabei lauthals Lieder singen.
Im Frühling über Wiesen tollen,
am Meeresstrand im Sand
rum rollen

All dies möcht ich mit dir tun,
ganz allein nur mit dir tun.
All dies möchte ich noch mit dir tun

Kirmeszeit und Achterbahn,
im Winter mit dir Schlitten fahr'n.
Mit dir den 7. Himmel leben,
die Erde soll um uns rum beben.
Nicht an Sorgen denken müssen
dafür leidenschaftlich küssen.

Deinen Körper möcht ich kosen,
betten ihn auf roten Rosen.

All dies möcht ich mit dir tun,
ganz allein nur mit dir tun,
all dies möchte ich noch mit dir tun

Will dich um meinen
Finger wickeln,
saugen zart an deinen Nippeln.
Will dich bezaubern und betören,
und dabei nachts die
Nachbarn stören.
Sag jeden Tag ein nettes Wort,
ganz egal an welchem Ort.
Will treu an deiner Seite kleben,
und so mit dir mein Leben leben.

All dies möcht ich mit dir tun,
ganz allein nur mit dir tun.
All dies möchte ich noch mit dir tun

Und geht es dir mal nicht so gut,
will ich dir geben neuen Mut.
Will stets an deiner Seite sein,
als dein Vertrauter ganz allein.
Weil eine Hand die andre wäscht,
schlag ich dir vor jetzt ein Geschäft.
Im Gegenzug sollst du mir geben,
deine Liebe und dein Leben.

All dies möcht ich mit dir tun,
ganz allein nur mit dir tun.
All dies darfst auch du
dann mit mir tun

Hommage an Meersburg

Meersburg am Morgen so wunderbar
wenn vor dir liegt der See so klar.
Am Himmel sich der Mond noch windet
und über'm Bodanrück verschwindet.
Aus einem Fenster lacht ein Kind,
die Möwen schreien gegen Wind.
Am Ufer ein Mann im Dauerlauf
will keuchend dort die Steige rauf.
Nebelschwaden lösen langsam
auf, der Tag ja noch am Anfang.
In den Platanen Blätter gaukeln,
während Boote im Wasser schaukeln.
Über's ganze Jahr hinaus
Touristen fallen ein und aus
und lassen Geld bevor sie geh'n.
Entwicklungshilfe ist so schön.
Beim „Wilden Mann"[5] dort hinterm Haag[6]

---

[5] Hotel & Tanzlokal

wird getanzt seit Jahr und Tag
wo sich schon manches Paar gefunden,
die heut inzwischen sind gebunden.
Von Droste-Hülshoff auch hier wohnte,
sie hoch im Weinberg oben thronte
und mit Gedichten uns erfreut
noch bis in alle Ewigkeit.
Obwohl ich stamm aus Überlingen,
wird mir das wohl nie gelingen.
Meersburg wie bist du wunderschön
Ja bald schon wir uns wieder seh´n.

---

[6] Dialekt: Gartenzaun

Das Fahrrad

Limerick

Ich wurd´ getreten und geschunden,
hab manchen Berg so überwunden.
Von Anfang an, als ich noch neu,
diente ich dem Menschen treu.
Über Jahre, Tag und Stunden

Alle reden über Sex, ich nicht!
Ich schreibe

Die Kunst ist, etwas zu schreiben,
an dem die Ansichten sich reiben.
Der eine findet Sex so schön,
der andere will davon nichts seh´n.
Einer sagt: „Wie ordinär!"
Der andere wiederum will mehr.
„Wie mache ich´s nur recht dem Kind?"
geht eben vor in meinem Grind[7].

Schreib ich, oder schreib ich nicht,
über Sex nun ein Gedicht?
Noch zögernd schreibe ich es nieder,
auch böse Menschen singen Lieder
über Nebensächlichkeiten,
wie aus der Welt der Männlichkeiten.
Egal, ich werde mich getrauen.
Wer´s nicht lesen will muss schauen

_____

[7] Dialekt: Kopf oder Hirn

besser in ein Kinderbuch!

Ich wage jedoch den Versuch:

Sei gegrüßt du Morgenlatte,

die er schon heute Morgen hatte.

Sei gegrüßt du kleines Ding,

was gestern lustlos an ihm hing.

So fängt der Tag doch freudig an,

wenn man sieht, dass Mann noch kann.

So endet denn schon dieses Lied,

über eines Mannes Glied.

Die Fischerin vom Bodensee

Die Fischerin vom Bodensee
war mal ne junge Maid – juche.
Pferdeschwanz und enges Mieder,
unauffällig, brav und bieder.
Egal wohin ich heut nur seh,
sie fischt nicht mehr im Bodensee.
Weil, und das ist allerhand,
heute fast nicht mehr bekannt.

Allein es blieb der weiße Schwan,
der früher zog noch einen Kahn
auf dem blauen See dahin,
mit der schönen Fischerin.
Mensch war das an unserem See,
früher einmal wunderschön.
Als Lieder klangen von der Höh´
vom schönen Bodensee.

Das Wasser früher einmal blau,

schimmert heut in Hochglanz grau

Noch läuft der Rhein bei Bregenz rein,

verlässt ihn auch bei Stein am Rhein.

Doch Gletscher werden immer kleiner,

und Abwässer sind auch nicht reiner.

Boote schwimmen viel darin,

nur: wo machen denn die Schiffer hin?

Nichtschwimmer Blues

Die Luft ist heiß, und
es wird immer schwüler,
ich bin auf der Suche nach
was macht mich kühler.
Raus aus der Stube und
runter vom Sofa,
dann ab durch die Mitte mit
meinem Mofa.

Ich fahre runter dort an den See,
wo ich weiß, dass ich den Boden seh´
Genauer gesagt vom Bodensee
noch bis auf seinen Boden seh´.

Von der Straße her man sieht es kaum,
stell ich mein Mofa unter einen Baum.

Lege mein Hemd und die Hose ins Gras,

und freue mich auf das kühlende Nass.

Hier geh ich rein in meinen See,

weil ich hier noch den Boden seh´.

Von meinem Stückchen Bodensee

noch bis auf den Grund und Boden seh.

Ich liebe am See hier den stillen Platz,
wie über mir im Baum der kleine Spatz.
Knapp über mir schwirren Libellen,
in meiner Schwimmschule mit
den Forellen.

Darum geh ich nur hier in den See
weil ich hier noch den Boden seh´.
Von meinem Stückchen Bodensee
noch runter bis auf den Boden seh´.

Spaziergang an der Mole

Gestern war ich am See noch spazieren,
ließ mich dazu von
meiner Frau verführen.
So flanierten wir beide, Hand in Hand
am Ufer entlang, die als Mole bekannt.

Wir waren auch nicht alleine da,
entgegen kam uns ein junges Paar.
Das Pärchen schob vor sich einen Wagen
in dem drin der Kinder Zweie lagen.
Ich dachte erst, ich sehe doppelt,
doch offensichtlich wurde hier
nur doppelt gemoppelt
mit viel Spaß. Ach ist das schön,
denn so können wir heute Zwillinge sehn.
Ziemlich schnell mit viel Elan,
kam uns entgegen ein älterer Mann.

Schob den Rollator mit sehr viel Schwung,

fühlt sich dabei offensichtlich ganz jung.

Wo sonst der Kühler, prangt hier ein Stern

offensichtlich fährt er Mercedes gern.

Statt dicken Reifen nur dünne Rädlein

sind unten an seinem Sportwagen dran.

Zugegeben, eins ist ganz praktisch,

ich halt es fest, derweil es so faktisch

ich find das gut, hejjei jei jei,

hat er den Sessel so stets dabei.

In den er sich dann auch rein setzt,

ist der Stadtbus mal voll besetzt.

Doch werde ich noch keinen mir kaufen,

solang meine Füße noch freihändig laufen.

Viel kann man sehen, an der Mole hier.

Dort drüben trinkt einer gerade sein Bier.

Den Kopf im Nacken, an

der Flasche die Hand

Ruck zuck, ein halber Liter so

schnell verschwand.

Habe gesehen, es ist nicht gelogen,

wurd´ danach entsorgt im hohen Bogen!

So schnell wie er voll war bis an den Rand

das Bier auch wieder in der

Hecke verschwand!

Nun gilt auch für Wasser, so ich glaub´

(wie Erde zu Erde, und Staub zu Staub)

es wird als erneuerbare Energien

vom Verbraucher als Bodensee -

Trinkwasser beschrien.

Das von Sipplingen in langer Leitung,

gepumpt wird bis über die Alb hinum,

und wird in Schtuegert[8] getrunken

in Massen

als feinstes Trinkwasser aller Klassen.

---

[8] Stuttgart

So möchte ich es fast nicht wagen,

um es deutlich laut zu sagen:

was heute noch war in seiner Blase,

es landet schon morgen in deinem Glase.

Vor tief roter Sonne, ach wie romantisch,

steht dort ein Pärchen das heftig

umarmt sich.

Das Liebespaar hat sich lange geküsst,

während dessen ihr Mops in

den Rasen pi.. (pi macht)

Am Horizont die Sonne tief rot versinkt,

davor wie ein Schatten, ein Gummiboot

schwimmt.

Möwen schreien hellwach und munter

am Himmel, von dem auch fällt

mal was runter.

Das spritzt gesprenkelt auf eine Bank,

die zuvor unbefleckt im Grünen stand.

Spazieren gehen das ist gut,
auch wenn man´s erst am Abend tut.
Doch heißt es dann: stets wachsam sein,
du bist an der Mole nie ganz allein.
Zweibein, Vierbein und allerlei,
im Laufe des Tages kommt dort vorbei.
So könnte es durchaus einmal sein,
trittst du in einen Haufen mitten hinein
den ein Dackel hat unverdrossen
kurz vorher durch die Luft geschossen.

Und ist das Häuflein auch noch so klein,

in das du tratest dort eben hinein,

es klebt am Schuh, oh welch ein Graus,

und duftet noch bei dir zu Haus.

Drum heb´ so ein Knödel ich stets auf,

und verfolg´ diesen Dackel im Dauerlauf

quer durchs ganze scheiß Revier,

bis nach Hause vor seine Tür.

Erscheint der Augenblick mir gut,

nehme zusammen ich meinen Mut.

Ich setz den Knödel auf dem

Treppentritte

direkt vor die Haustür in die Mitte.

Geb nur zurück das was verloren,

ein Dackel hat zuvor geboren.

Was wackelt denn dort am dritten Busch,

wer ist da im Schilf verschwunden

husch, husch?

Ein junger Mann mit einem Mägdelein,
Hand in Hand sie stürmten hinein?
Ich will nicht wissen, läuft was verkehrt -
oder der Bengel nur mit ihr verkehrt.
In diesem Alter da gibt man noch Gas,
Hauptsache, die beiden haben viel Spaß.

Drum wende vom Schilf diskret

ich mich ab,

lauf wieder zurück zur Mole hinab.

Kinder spielen dort am Rand,

so zu sagen, am Radolfzeller Strand.

Sie werfen Kiesel übers Wasser

die dabei werden immer nasser,

bis sie letztendlich untergehen

und sind somit nicht mehr zu sehen.

Ein Mann erscheint mir sonderbar,
er oft schon an der Mole war.
Man sieht ihn stets auch in der Stadt
überall wo es Menschen hat.
Mit großen Schritten unterwegs
sind seine Augen wachsam stets.
Sieht er auch nur eine Ecke,
von dem was liegt dort in der Hecke,
führt er die Hand in seine Tasche
wo verschwindet eine Flasche.
Er Bewunderung von mir hat,
für Umweltschutz im höchsten Grad.
Auch Tierschutz wird von ihm bedacht,
dem Manne der so oft belacht,
denn schnell hat sich ein Hund verletzt
der dort am Busch ein Knödel setzt.

Wie gerne geh ich hier spazieren,
wo Menschen auf und ab flanieren.

Gibt es doch immer was zu seh´n

Das finde ich saumäßig schön.

Brauch nicht weit weg, nicht in die Ferne,

mein Bodensee den hab ich gerne.

Spaziere direkt zum Biergarten hin

wo auch sind fremde Leute drin.

Darunter sind auch viel Schwaben

Die sich an der Seeluft laben.

Aber natürlich, sonnenklar

sind Eingeborene auch noch da.

Bestelle mir ein Weizenbier,

und mache Urlaub einfach hier.

Warum denn in die Ferne gaffen

kann ich bequem zu Hause schlafen?

Der Bodensee Mädle Blues

Was braucht man denn zum Leben,

was könnte das nur sein?

Vom Bodensee ein Mädel,

fällt spontan mir ein.

So muss vom See ein Mädel mit

an meiner Seite sein.

-

Ich fahr mit meiner Vespa

meist abends noch an´ See.

Wer setzt sich hinten drauf,

egal ob Regen oder Föhn?[9]

Vom Bodensee mein Mädel,

findet Rollerfahren schön.

-

---

[9] Föhn: warmer, trockener Fallwind am nördlichen Alpenrand

Und geh ich mal in Urlaub,

pack mein Rucksack ein

Wenn nehm ich da noch mit,

wer könnte das denn sein`

Vom Bodensee mein Mädel,

muss mit im Urlaub sein.

-

Wollt lange schon nach Bangkok,

doch das ist so weit fort

Wenn nimmt man da nur mit,

an solch´ einen heißen Ort?

Vom Bodensee sein Mädel, weil:

„Do woiß me, wa mer hot. [10]

-

---

[10] Dialekt = da weiß man, was man hat

Alles Gute

Alles Gute zum Deinem Wiegenfeste.

Deshalb wünsch´ ich dir das Allerbeste.

Auch wünsch´ ich dir im Leben

noch viel Glück,

dass deine Uhr noch lange tickt.

Schieb dein Verfallsdatum weiter

vor dir her,

und bleib gesund, so wie bisher

Kehrwoche

Sachen gibt es in unserem Leben,
die dürfte es so gar nicht geben.
Woanders ist das kaum bekannt,
womit uns ärgert das Schwabenland.
Ein kleines Schild an deiner Tür
das zeigt dem Gast, wie dir und mir
hier wird gekehrt ein Mal die Woch´!
„Ha jo natierlich[11], i sag´s dir doch!"
Und hast du je ein Mal versäumt,
weil du was andres hast geträumt,
dann klopft dein Nachbar an die Tür:
„Ey Alter, isch was los mit dir,
willst du hier nix mehr sauber machen?
Isch schwör, hast du nix mehr
zu lachen."
Fällt dabei rückwärts durch die Tür,
wobei du kannst ja nichts dafür,

---

[11] Schwäbisch für: Selbstverständlich

wenn er sich dreht und grinst saublöd,
und sieht nicht seine Schuh´ im Weg
die abgestellt vor seiner Tür!
Das alles ist nur wegen dir,
weil du den Flur hast nicht gekehrt!
Ob das jemand so versteht?

Ich brauche ein Navi(gationsgerät)

Navi da, und Navi hier
So ein Navi wünsch ich mir.

Trau mich auf die Straße nimmer
Weil der Verkehr wird immer
schlimmer.
Ich fahre zur Garage raus
und finde schon nicht mehr nach Haus.
Vor lauter Bäum´ seh´ nicht den Wald,
ich brauch ein Navi. Und zwar bald.

Norma, Lidl – und auch Kaufland,
Al di, Schlecker - mir bekannt.
Nun weiß ich nicht, wo muss ich laufen
und frisches Brot für mich einkaufen.
Inzwischen wird das Brot schon alt,
ich brauch ein Navi. Und zwar bald.

Der Reichen Au

Ein Paradies, ganz nah der Stadt,
so etwas nur Konschtanz hat.
Es liegt dort wo Vater Rhein,
ich glaub, am Kuh-Horn muss es sein,
den Bogen macht zum Untersee
von wo ich schon die Insel seh´.
Die weltbekannt ist für Salate,
Radieschen, Gurke und Tomate.
Reichenau wird sie genannt,
als die Salat Insel bekannt.
Wo Möwen fliegen extra tief,
und Frösche quaken aus dem Schilf.
Ein Kloster gibt es, Kirchen dreie,
sie stehen dort in Glied und Reihe.
Ganz egal wo ich auch steh,
immer ich eine davon seh´.
In Zahlen mehr gibt´s nur Salat,
von dem es zur Genüge hat.
Von dem gibt es bestimmt Millionen,
mehr als in den Kirchen Nonnen.

Der Insulaner schon halb im
Treibhaus wohnt,
weil sich eine Wohnung nicht
mehr lohnt.
Auf Teufel komm raus wird
hier geackert,
für Treibhäuser Felder umgebaggert.
Tomaten werden hoch gebunden,
manch Gummistiefel wird
zerschunden,
der im Acker Runden dreht
bis er feststeckt, und nichts mehr geht.
Setzlinge gezogen, dann gegossen,
unterirdisch die Maulwürfe erschossen.
Hier wird gezüchtet und geklont,
für die Bauern es sich lohnt.
Sind so die reichsten im Badnerland,
wem sag ich das, ´s ist weltbekannt!

Müssen die Bauern mal in die Stadt,
von der es eine ganz nahe hat,

dann müssen sie, das ist ein Seich[12] -
auch mal bei Hochwasser übern Deich.
Darum werden Gummistiefel
zur Tradition,
ein Insulaner hat immer ein
Pärchen davon.
Dazu gehört auch eine Gundel,
das ist ein Boot,
mit der er paddelt ins Abendrot.
Hat eine Angel auch stets dabei,
weil es ihm nicht einerlei,
zum Salat gehört auch Bodensee Fisch.
Das perfekte Dinner am Essenstisch.
Manch einer jetzt hat Appetit
es ihn auf diese Insel zieht.
Doch suchst du eine Wohnung dort,
wird´s schwer, weil die sind alle fort.
Bepflanzt ist jeder einzelne Meter
mal bespritzt, mal nach Demeter.

---

[12] Dialekt für: so ein Mist

Zwischen Setzling, Kraut und Reben
bleibt kein Platz sich hin zu legen.
Geschweige denn ein Haus zu bauen
wird sich von auswärts keiner trauen.
Es sei, er kommt vom Schwabenland,
und das ist sicher all bekannt,
die Schwaben sind an Kohle reich,
auch das ist wieder so ein Seich –
sie glauben, können alles kaufen.
Das ist für mich zum Haar ausraufen.
Ich steh allein, ich bin verloren,
obwohl am See bin ich geboren.
und finde es saumäßig schäbisch
behaupten die, der See wär schwäbisch!
Kein Wunder wird man zum Rassist,
ich sag es grad so wie es ist.
Wie komm ich raus
aus dieser Nummer?
Was ich hier schrieb
macht mir jetzt Kummer

Es ist wohl mit mir durchgegangen,
mit gehangen ist mit gefangen.
Dass dies nun falsch war geb ich zu,
stifte wieder Rassen - Ruh´.
Denn die Wirklichkeit ist so,
sind wir an unsren Schwaben froh.
Sie bringen Geld an unseren See
und:
Entwicklungshilfe tut nicht weh.

Auf der Konschtanzer Rennbahn

Konschtanz ist 'ne Wahnsinns Stadt,
die wirklich was besonderes hat.
Wo Menschenmassen spazieren geh'n,
so scheint, ist es besonders schön.
Am Hafen unten musst du gehen,
kannst dort die ganzen Schiffe sehen
dir dort liegen an langer Leine
Langeweile gibt es dort keine.
Man sitzt so schön, dort auf der Bank,
die steh'n in Massen am Ufer lang
wo Menschen auf und ab promenieren.
Auch Hunde, die ab und an urinieren
mangels Bäumchen an die Laterne!
Manch einer sieht das gar nicht gerne.
Mann und Frauen tun sich begegnen,
in Menschenmassen die sich bewegen.
Hin und her, und ab und auf,
manch einer sogar im Dauerlauf.
Schwitzt dabei, und dampft und riecht
vom Socken hoch bis zum Gesicht.

Zwischen diesen, ich sag mal Düfte
noch strengere
schweben durch die Lüfte
von Damen, die meist gut gekleidet,
und eben solchen Herrn begleitet.
Wie eine Nutte eingedieselt,
an der Leine ein Pinscher wieselt,
verbreiten sie Duftmarken in der Stadt
als gäbe es dafür Geruchsrabatt.
Wie schön war noch die alte Zeit,
von der noch schwärmen alten Leut´
Unbekannt war Boss und Prada,
Chanel & Coco war noch nicht da,
stattdessen bei Oma ganz normal
stand Kölnisch Wasser im Regal.

Sehen und gesehen werden,
heißt der Mode Spiel auf Erden.
Auch sieht man Männer richtig schick,
egal ob mager, oder dick
sie lernten wie ein Mann sich kleidet.
Und der Frauen wegen leidet!

Müsst ich also ein Mädchen locken,
ich täte es mit weißen Socken.
Habe auch schon längst kapiert
mir steht ein Hemd, was rot kariert!
Dazu ´ne Jeans in beige, ganz hell
wirkt auf Frauen ziemlich schnell.
Jedoch muss sagen, bin ganz ehrlich,
ich leb´ damit nicht ungefährlich!
Weil die Mode, die mir passt
meist von Frauen wird gehasst!
Schuhe deftig und stabil,
genau das ist es was ich will.
Dafür danken meine Füße,
kein Hühnerauge schickt mir Grüße
wie bei den Damen auf hohen Hacken,
mit Absatz hoch bis an die Backen.
Wär ich Frau, ich würd´ sie hassen,
die schönen Schuhe die nicht passen.

So schweift mein Blick
entlang dem Laufsteg,
vom See herüber ein Lüftchen weht.

Diesen Geruch von Hafen und Meer
das ist es, was ich liebe sehr.

Ein neuer Trend der macht sich breit,
hab ich geseh´n, grad wieder heut!
Ein Mann schob einen Kinderwagen,
in dem gar keine Kinder lagen!
Stattdessen saß darin ein Hund,
pudel munter und gesund.
Komplett verrückt so wie im Märchen
trug er ´ne Windel an sei´m Ärschchen
damit es unten rum nicht tropft.
Ich dachte fast ich bin beklopft.
Sehen und gesehen werden,
das ist so mal auf dieser Erden.
Doch frag ich mich auf jeden Fall:
„Wer von uns hat denn nun ein Knall?"

Das Konzert

Bin extra früher losgelaufen
um Eintritt Tickets mir zu kaufen.
Spannung lag in der Vorabendluft
durchzogen mit Rauch. Der Kneipen Duft.
Als ich stand vor dem Lokal
da staunte ich zuerst ein Mal.
Bitte jetzt nicht falsch verstehen,
denn ich versuch es hier zu klären,
derweil das Etablissement,
sich Vogelhäuschen nennt.
Erkannt nicht gleich des Namens Sinn,
und fragt mich, was sich abspielt drin.
Doch kann Entwarnung ich hier geben,
ich durfte es sogleich erleben,
denn auf der Bühne schräg versetzt,
gab es Musik. Und keinen Sex!
8:00 Uhr schlug die Turmuhr grade

als ich mir dachte noch: „Wie schade"
Als erster drängt´ mich in den Raum,
zum besten Platz. Das war mein Traum.
Als wär woanders nie gewesen,
setzte ich mich an den Tresen.
Bestellte mir ein kleines Bier,
hab mir gedacht: das gönne ich mir.
Noch war mir es nicht ganz klar,
spielt die Band auch wunderbar?
Zuvor den Namen noch nie gehört,
ist das, was mich ein wenig stört.
Der Werbung nach, ich will´s mal glauben
sollen sie der Leute Sinne rauben,
die in Massen hinter mir,
drücken durch die Eingangstür.

Ich harre der Dinge, was passiert
und auf der Bühne dort geschieht.

Ein Gitarrero schwer im Kampfe,

legt sich an mit seiner Klampfe

die zuvor noch war verstimmt.

Er sie nun auf perfekt trimmt.

Der zweite Mann ist für den Rhythmus

bei dem die Band im Takt meist mit muss.

Macht Bum Bum, und tschaka ling

sein Schlagzeug ist so ein komisch Ding.

Wie´n Katzen Clo so sieht es aus,

doch kommen andre Töne raus.

Der dritte Musiker im Bunde,

ist der, der spricht mit losem Munde.

Jung, dynamisch und verwegen,

muss heute etwas lauter reden.

Denn zuvor er noch gelacht,

sein Mikro hat jetzt schlapp gemacht.

Versteht wohl was von Operation,

weil er verpflanzt dem Mikrofon

eine neue Batterie.

Die andre war so leer wie nie.

Vergebens sucht´ ich das Klavier,

bekam stattdessen mein zweites Bier.

Jetzt fing die Musik endlich an,

nach dem ich wartete so lang.

Es folgte wirklich Hit auf Hit,

die Leute gingen mächtig mit.

Die Band sie legte sich ins Zeug,

die Fans darüber sehr erfreut.

Bis bald zur vorgerückten Stunde,

die Menschen noch mit offenem Munde.

Tanzten, sangen, soffen Wein.

Manch einer schon nicht mehr allein

wackelt friedlich heim nach Haus,

nach dem das schöne Konzert war aus.

Singen

Singen heißt die Einkaufsstadt
für jeden was zu bieten hat.
Nicht nur Unterhose und Socken
aus allen Ländern Käufer locken.
In der Stadt, das ist das geile,
gibt es eine Automeile!
Ist nicht allein nur für uns Männer,
sondern auch für weiblich Kenner!
Ich erzähl kein Larifari,
gibt´s dort zu kaufen auch Ferrari.
So bin ich zu dieser Meile gelaufen,
und wollte mir dort ein Auto kaufen.
In Reih und Glied standen wunderschön
Maserati, Porsche und auch Citroën.
Als ich gesehen hab dann diese Preise,
dachte ich mir: „ Du heilige Scheis…"
kann nie bezahlen so ein Ding

bei meinem Gehalt als Schreiberling.

Ansonsten die Stadt ist multikulturell,

das merkt man beim Bummeln

doch ziemlich schnell.

Kann von den Sprachen fast

nichts verstehen,

die dort am Kaufhaus

um mich rum geschehen.

Kann nicht verstehen

was die Menschen sagen.

Ob die sich vielleicht über mich beklagen?

Weil ich in meiner kurzen Hose,

die sommerlich hängt an mir ganz lose,

unbedacht an einem Stehtisch

dort in der Kneipe nach meinem

Bier fisch´?

Von denen es waren nun schon drei.

Was sie nicht wussten, alkoholfrei!

Die Homburg

„Nach Stahringen" frage ich den Mann,
der da im Traktor kommt grad an.
Möchte nämlich dort hin heute gehen,
um mir die Homburg anzusehen.
Einst stolze Burg sie sei gewesen,
soll im Walde heut verwesen.
So steh ich vor dem riesen Berg,
ich komm mir grad vor wie ein Zwerg.

Bis ich sie habe dann entdeckt
die Geisterburg, die dort versteckt
hoch oben auf des Berges Rücken
versetzt den Waldgeist in Entzücken.
Mit ihrem ruinösen Charme
lockt sie noch heut Besucher an
die sich wagen hoch hinauf.
Manch einer sogar im Dauerlauf
will so den Berg besiegen.
Hingegen ich bevorzug fliegen.

Wieso denn soll ich wo rauf laufen
wenn ich ein Rundflug
mir kann kaufen!
Denn die Startbahn wurde gebaut
für den, der Laufen sich nicht traut.
Deshalb geht´s am Dorfausgang
zum Flugplatz dort am Bahngleis lang.
Zu Fuß zur Homburg, das ist mühsam
weil gegen die Steigung kämpft man.
Wär ich als Stahringer geboren,
der Berg hätt gegen mich verloren.

Ich hätte Esel mir gekauft,
mit langen Ohren, ganz zerzaust.
Hätt bewaffnet sie mit Sättel
wie einst schon unsre Ur- Großväter.
Als wäre es immer so gewesen,
macht ich Safari mit den Eseln.
Weil Esel laufen gerne,
egal ob nah, oder mal Ferne.
So wär die Homburg Auto frei,
was jeder Gast hat heut dabei.
Stahringen braucht in Wirklichkeit
einen echten Park & Reit.
Fünf Euronen für den Ritt,
hinauf zur Homburg Schritt für Schritt.
Weitere Fünfe für das Parken,
nochmal Fünf für Essensmarken
wofür es gibt dann eine Wurst.
Und so ne Wurst gibt extra Durst!
Würd´ bauen eine Rodelbahn,
die oben an der Burg fängt an.
Für nochmal Fünf hinab ins Tal.
Mensch Leute überlegt das Mal!

Anstatt die Ställe auszumisten,
nehmt Ihr das Geld von den Touristen.
Lasst euch von diesen doch begaffen,
und ihr braucht nie mehr
selber schaffen.
Als wäre es anders nie gewesen,
kommen Massen an Chinesen.
Machen Fotos als Beweis
für die Freunde im Land vom Reis.
Ich traue mich fast nicht zu sagen,
denn ich glaub, dass sie es wagen
fertigen von der Homburg eine Kopie
zu stellen an die Chinesische Mauer hi!

Auch der Schwabe ist bekannt,
bringt gern sein Geld ins Badnerland
und hätte so, dann bitte sehr –
noch eine Burg „zu eiserm[13] See"!

---

[13] Mundart: Zu unserem See

Sonnenbad

Am letzten Baum dort in der Sonne
Liegt ein Mägdelein, welch Wonne.
Prächtig rund und gut in Form,
schön, wäre das die neue Norm.
Dazu noch gänzlich unbedeckt,
jungfräulich und unbefleckt.
So würde es in der Bibel stehen.
Mir reicht jedoch, was ich gesehen
so weit von hier ich sehen kann.
Brauch nicht erwähnen, bin ein Mann.
Sie also räkelt sich im Grase,
ich wäre jetzt gern ein kleiner Hase.
Sie würde sich nicht erschrecken drum
hoppelte ich um sie herum.
Doch bleib ich hinter gläsern Schranken
sie wird es sicherlich mir danken.
Darf weiterträumen tief im Schlaf,
wie der Bock von einem Schaf.

Straßenmusik

In jeder Gasse, an jeder Ecke
geigen Männer um die Wette.
Als ging es ums blanke Leben
spielen sie auch manch Ton daneben.
Als Musikerlebnis mit „Aha",
von La Paloma bis Que Sera,
wird intoniert mit viel Fantasie.
So hörte man diese Lieder noch nie.
Meist ist es nur ein einziger Song,
den man hört als Geigen Ton.
So wird gezupft und mit dem
Bogen gestrichen,
manch Katze darüber ist schon
verblichen.
Sie fühlen sich stets ohne Schuld
und geigen weiter mit Eselsgeduld.
Gequält wird so nicht nur
ihr Instrument,
das man allgemein eine Geige nennt,
nein – auch des Menschen Ohr

wird nicht verschont davor.

Sie geigen die Straße auf und ab,

und halten der Menschen Gehörgang

auf Trab.

So streichen die Bögen immer wieder,

von oben nach unten, und auf

und nieder.

Ist so ein Bogen am Ende der Tat,

spendiert´ ich stattdessen ein Sägeblatt.

Höre die Töne zu erst noch Legato[14],

die ändern sich schnelle hin

zum Staccato[15].

Und ist die Geige dann durchgesägt,

hat sich wieder Ruhe in die

Altstadt gelegt.

---

[14] Töne werden gebunden gespielt

[15] Töne werden sehr kurz gespielt

Datenschutz

Rentner sein ist gar nicht toll,
die Tage sind an Arbeit voll.
So sitze ich am Schreibtisch hier
und möchte erzählen etwas von mir.
Was ich erlebt und ewig schon her,
woran ich denke
schon längst nicht mehr.
Ohne Missbrauch von Vertrauen,
geht´s unter anderem auch um Frauen
denen ich meist unterlag.
Doch davon ich nichts erzählen mag
weil - Datenschutz – man nennt das so,
und darüber bin ich ehrlich froh!

Freikörperkultur

Urlaub bei uns ist wunderschön,
gibt es am Bodensee so vieles zu seh´n.
Wir machen uns nun etwas nasser,
denn es geht ums Thema Wasser.
Es gibt nämlich neben
dem schwäbischen Meer
auch Hallenbäder und noch mehr.
Sauna und Therme, was gut für Fitness
und FKK – ja ja, das gibt es.
Bio-Schulung in Reinkultur
und das im Freien – ich sag´s ja nur.
Es machen Menschen sich ganz zackig
vor dem Schwimmen pudel nackig
und legen sich so in die Sonne.
Meist ist der Anblick keine Wonne.
Doch finden es alle wunderschön
Bläst dazu vom Rheintal her der Föhn[16]

---

[16] Wind am nördlichen Alpenrand

Er streicht so, wärmend aus Italien,
über das Haupt und die Genitalien
der Menschen. Die so nackt wie Pudel
entsteigen des Flusses Wasserstrudel.
Das Baden ist so purer Spaß,
denn weder Hemd noch Hos´ wird nass
und eines wird mir sofort klar,
FKK – scheint wunderbar.
Man sieht des Menschen Konstruktion
nicht nur von hinten, auch von vorn.
Mit großen und mit kleinen Augen
die Frauen der Männer Sinne rauben.
Nur ihnen sieht man es nicht an!
Völlig anders als beim Mann
der schnell ins kalte Wasser springt
und dort nach Atem-Lüften ringt.
Danach tut aus dem Wasser steigen
als hätte er was zu verschweigen.
So ist der große Unterschied,
sehr oft viel kleiner als ihm lieb.
Intim-Rasur, hoch interessant
war früher gänzlich unbekannt!

Angeblich kommt vom Orient
was der Westen lang verpennt.
Ob nun der Rasen frisch getrimmt,
oder von Wildwuchs wird bestimmt
ist mit letztendlich piep-egal.
Ist das nicht alles ganz normal?
Weil bettelarm, oder stinkend reich,
nackig sind alle Menschen gleich.

Beobachtungen im Biergarten

Menschen dort an der Theke stehen,
doch leider kann ich nichts verstehen
was dort geredet und gebabbelt,
und in die Bärte reingesabbelt.
Ich glaub im Norden sagt man so,
in Hamburg, Husum und anderswo.
Zum wöchentlichen Treff im Biergarten
viele von uns schon tagelang warten.
Willi, Karl und Friederich,
Uwe Torsten und auch ich.
sind sonntags regelmäßig dort,
von zu Hause eine Stunde fort.
Es wird getrunken und viel gelacht,
manchmal auch ernsthaft nachgedacht.
Philosophiert und auch mal gelogen,
dabei auch über andere hergezogen.
Mit Klatsch und Tratsch
über Jedermann
so fängt hier manches Märchen an.
Doch frage ich mich im Vertrauen:

„ist das nicht nur etwas für Frauen"?

Ich sag zu Erich: „Schau mal die,

die sah ich aber hier noch nie."

„Nee, nee die ist nicht von

woanders her

die Neue von Dieter heißt, glaub

ich – Frau Bär.

Mit der macht er schon lange rum,

man munkelt die Alte, sie wäre

strohdumm."

Vielleicht hat sie Qualitäten versteckt

die so bisher hat nur Dieter entdeckt.

Man weiß nichts Genaues,

und doch weiß man alles,

was könnte wohl sein

im Fall eines Falles.

Ein jeder möchte es besser wissen,

wer wurde wo,

und von wem beschissen.

Hin und her über Leut´ wird gezogen

und bis die Balken sich biegen, gelogen.

Am Fenster vorn da sitzt ein Pärchen,
ich glaub das ist Udo
mit seinem Klärchen.
Waren hier sicher schon öfters gewesen
So schnell wie die Speisekart´
wurde gelesen.
Es ist Tatsache und nicht gelogen,
aber die Karte wurde nur überflogen.
Denn noch bevor sie sich hingesetzt
riefen sie den Kellner,
der eh schon gehetzt
und nicht mehr weiß,
wo steht ihm der Kopf.
Ach Mann, ist der Kerl ein armer Tropf.
Wird von Gästen
durch den Saal geschunden,
wie Marathon-Mann
dreht er seine Runden.
Versucht den Gästen zuvorzukommen,
von vielen Bestellungen
er völlig benommen.
Und jetzt sitzen hier auch noch wir.

„Herr Ober – bitte flott –
für uns noch 4 Bier!"

310 ist ein Männeressen,
diese Nummer kann ich nie vergessen.
Während Frauen zu Pizza tendieren,
tu ich Schniposa[17] mir spendieren.
Das ist auf der Speisekarte 310
und wird dort als Nummer vom
Gast geseh´n.
So steht in der Karte alles beschrieben,
ich finde das manchmal
etwas übertrieben.
Zum Beispiel ist die Numero 4
ein stinknormales helles Bier.
So sitz ich hier und schau mich um,
was alles geschieht um mich herum.
Ich sage ehrlich jetzt zu Dir
auch ich hat´ heute zwei, drei Bier.

---

[17] Schnitzel und Pommes mit Salat

Doch selbstverständlich drehzahlfreie[18]
darum trank ich deren drei.
Zum Essen hat´ ich noch keine Zeit
obwohl ich sitz´ schon ne Ewigkeit.
Mein Schnitzel war inzwischen kalt,
ich hatte es vergessen,
ich glaub, ich werde alt.
Statt dessen über vieles
hab nachgedacht,
inzwischen rückt schon an die Nacht.
Vor mir mein Teller, der ist jetzt leer
das kalte Schnitzel gibt es nicht mehr.
Mein Durst gelöscht, der Bauch ist satt
ich fühl mich inzwischen völlig platt.
Nun sollte ich so langsam gehen,
bestimmt will meine Frau
mich heute noch sehen
weil sie ohne mich nicht schlafen kann.
Mich, dem geliebten Ehemann!

---

[18] Ohne Alkohol

All meine Kumpels sind schon fort,
auf dem Weg zum Heimatort.
Der Ober stapelt schon die Stühle
in dieser Sommernacht, die schwüle.
Auch ich macht´ mich auf meinen Weg,
nochmal zum Hafen an den Steg.
Die Blase drückt nun unerbittlich,
doch ich kämpfe brav und sittlich.
Denn was in mich heut rein geflossen
wird nicht sinnlos weggegossen.
Inzwischen war es wirklich spät,
als ich nun stand so auf dem Steg.
Im Wasser vor mir lag ein Boot,
jetzt schnell bevor ein Unheil droht,
ne Hand breit Wasser unterm Kiel
ist eines Kapitänes höchstes Ziel.
So bleibt Energie erneuerbar,
für mich ist das doch sonnenklar.

Zuerst war das Wasser ja frisch vom See,

danach gebraut zum Hopfen-Tee.

Gemischt das Ganze mit Gerste und Malz

veredelte es meinen trockenen Hals.

Habe so als Pils es eingenommen,

dem See gab zurück, was zuvor

ich entnommen.

Beim Zahnarzt

Jetzt sitz ich schon seit einer Stunde
in dieser kleinen Menschenrunde.
Der Raum, der nennt sich Wartezimmer
auf das, dahinter wird noch schlimmer.
Gedämpft hört man Besteck erklingen,
dazu ein grelles, hohes Sirren.
Fast könnt man meinen es sind Bienen,
oder gar Modelflugzeug-Turbinen
was mich geistig so verwirrt.
Oder hab ich mich geirrt?

Ich schaue rechts, ich schaue links –
irgendwo hier stinkt´s.
Des Rätsels Lösung schnell gefunden
obwohl die Turnschuh´ fest gebunden
von meinem Nachbarn neben an.
Hoffentlich kommt der bald dran!
So schau ich schweigend in die Runde,
wie gesagt, sitz schon ´ne Stunde

und beobachte die Leute
die mit im Raum sind, hier und heute.
Vom Sprechzimmer her ist es nun stille
nur vor dem Fenster zirpt ´ne Grille.

Davor sitzt unruhig ein junger Knabe,
auf seinem T-Shirt prangt ein Rabe
schwarz auf leuchtend rot,
dran klebt noch eine Mücke. Tot.
Rutscht schon ´ne Weile hin und her,
ruhig sitzen ist halt schon schwer.

Noch habe ich nicht ganz kapiert,
wieso man liest hoch konzentriert
in einer „Fachzeitschrift" für Frauen
an die nur „ Sie" kann sich ran trauen.
Wer mit wem, warum, wohin -
all sowas steht im Hefte drin.
Auch wer weshalb, warum, wieso
treibt es mit wem nachts im Büro.
All dies steht in dem Frauenblatt,
was noch fürs Klo ist viel zu glatt.

Neben mir die reife Dame
trägt eine Strumpfhose, die lahme
hängt fast runter bis zum Knie.
So was sah ich ja noch nie,
dazu geschminkt, mein lieber Mann!
Dagegen kommt ein Clown nicht an.
Die Lippen wie ein Entenschnabel,
die Bluse kurz nur bis zum Nabel
der mich anstarrt wie ein Auge.
Ich das alles gar nicht glaube!

Gegenüber an der Wand
die Person mir unbekannt.
Ich meinen Augen nicht ganz trau,
ist das ein Mann, oder ´ne Frau?
Zwar ist rund rum alles dran
vielleicht noch mehr, als ich
sehen kann!
Man macht sich nur so seine Gedanken,
die im Moment bei mir etwas wanken.
Dem Bizeps nach ist das ein Mann

doch hängen klar zwei Brüste daran!
Zum Mann würde auch passen
die Arbeiterhose
die an ihm hängt an Trägern lose.
Jedoch spricht dagegen der Lippenstift
der rosa von den Lippen trieft,
umrahmt von einem Backenbart
den so nicht jedes Fräulein hat.

Ich bin also etwas irritiert,
meine Gedanken im Kopf verwirrt.
Die Erlösung kommt von der Rezeption
in Form von einem Durchsage-Ton.
Ich höre quäkend: „Der nächste bitte"
während im Flur verhallen Schritte.
Wie ein Kind so freue ich mich,
denn der Nächste, gottseidank,
das bin ich.

Wild West im Linzgau

Manch schöner Fleck im Hinterland
ist meist den Leuten unbekannt.
Denn zwischen Wiesen, Wald
und feuchten Auen
tut seinen Augen man nicht trauen.
Liegt dort ein alter Bauernhof
doch mitten im Indianer Dorf.
Am Waldrand stehen Indianer Tipi´s
idyllisch wie im Paradies.
Kannst Übernachten am Wochenende,
wo Indianer reichen die Hände
zum Willkommens Gruß den Gästen,
die zu Besuch im wilden Westen.
Der liegt nicht weit vom Bodensee,
gleich bei Meßkirch auf der Höh´.
Den Betreibern großes Lob, weil jedes
Kind sich wohl fühlt dort.
Kleine Schweinchen, ein paar Ziegen,
bei schwüler Luft auch Mücken fliegen.
Die Kinder kriegen große Augen,

weil sie all das gar nicht glauben.
Man kann nach Gold im
Sande schürfen,
ein Weizenbier tut Papa schlürfen
während Mamis trinken Vino.
Oder auch nur Cappuccino.
Vor dem Saloon steht Meter lang,
alt und hölzern eine Bank.
Auf der ich sitze liebend gerne,
schau auf die Wiesen in der Ferne
die saftig grün fast so wie Rasen.
Ponys dort in Ruhe grasen.
Am Indianer Erlebnispfad,
den es sonst so nirgends hat,
haben nicht nur Kinder Freude.
Nein – auch die erwachsenen Leute.
Während Kinder stets beschäftigt
ist es am Kiosk sehr geschäftig.
Heut hat auch Mama ein Mal Ruh
sie wendet sich Kaffee und Kuchen zu.
Die Kinder, die sind aktiviert

während Papa am Bierglas zieht.
Der sitzt im Biergarten auf einem Fass,
das vom Sitzen schon ganz nass.
Das gibt es wirklich, das ist kein Scherz,
ein echter Cowboy kennt kein Schmerz.
Auch wenn er sitzt seit viel Stunden,
weil seine Kinder noch gebunden
spielend dort am Mini Golf.
Der kleine Heinz, die Ruth und Rolf.

Manchmal ist der Teufel los,
das ist es, was ich find famos.
Wenn abends öffnet der Saloon
dann kenn ich für mich kein Pardon.
Greif meinen Stetson[19] von der Wand,
die Cowboystiefel aus dem Schrank,
und setz mich ins Auto,
als wär´s mein Pferd,
jaaa – ich weiß, da ist verkehrt.

---

[19] Traditionsmarke eines Herstellers für Cowboyhüte

Hab die Gitarre im Gepäck,
ein Mikrofon ist mein Besteck,
so fahr ich in den „Wilden Westen"
weil normal, das ist von gestern.
Es ruft der Duft der weiten Welt,
Amerika für kleines Geld.
So steht man dort an dieser Bar,
die im Saloon so wunderbar
bestückt mit Whisky und mit Bier.
Ich glaub so einen gönn ich mir.
Dann schnapp ich mir mein Mikrofon,
gestimmt ist die Gitarre schon
sing Lieder aus dem Wilden Westen.
Neue und auch Songs von gestern.
Damen tanzen ungeniert
im Mieder, was recht eng geschnürt.
Manch Gringo[20] kriegt recht
weiche Knie
der sowas sah zuvor noch nie.

---

[20] Bezeichnung für einen Fremden

Er muss das erst mal runter spülen,
um sich im Geiste abzukühlen.
Langsam läuft der Zapfhahn warm
so wird das Bier auch nicht so lahm.
Dazwischen immer mal ´nen Kurzen,
so riecht man es auch wenn
Cowboys furzen.
Die Luft ist warm und stickig,
in der Ecke eine zickig
von den Damen,
die vom Tanzen tut erlahmen
in dieser ach so schönen Kunst
zu steigen in der Männer Gunst.
Jubel, Trubel, Heiserkeit
rund um verbreitet Heiterkeit
von den Menschen die verweilen
und sich das gleiche Hobby teilen.

Jetzt kommt die Frage aller Fragen
die ich so hör an manchen Tagen:
Wo liegt denn dies beschriebene Dorf?
Dann sag ich in Sauldorf bei Meßkirch,
der
„Tipihof"

Die Höri Bülle

Es kommt mir vor als stör´ i(ch)
fahr ich mal raus zur Höri.[21]
Dort wird geschuftet und gerackert,
schon früh am Morgen wird geackert,
Man seinen Augen nicht mehr traut,
so viel Salat wird angebaut.

Wie sagt man? In Hülle und Fülle
wächst dazwischen die Höri Bülle.
Doch sollte es sich keiner wagen
und zu der Zwiebel Zwiebel sagen
die in Bülle umgetauft.
Worüber manch einer die Haare rauft.
Doch störet mich nicht dies Gemecker,
mir schmeckt die Bülle äußerst lecker.
Sie schmeckt auch überhaupt nicht fad
krönt sie erst einen Wurstsalat.

---

[21] Fruchtbare Halbinsel im Bodensee

Im Gegenteil sie gibt die Würze.

Auch wenn sie kommt zurück als Fürze

die heimlich durch die Lüfte sausen,

und das Volk es riecht mit Grausen.

Manch einer tät das gern kaschieren.

Macht nix – das könnt mir auch passieren!

Nur ein paar Gedanken

Ich schreibe gern, und schreibe viel
leg hinein ganz viel Gefühl.
Doch will das meistens Keiner lesen
so glaube ich, das war´s gewesen.
Wobei ein Bestseller wär mein Ziel.

So beginne ich immer wieder,
was mich bewegt, das schreib ich nieder.
Passt nicht alles in ein Buch,
dann wage ich mich und versuch,
ich schreib statt dessen Lieder.

Versuche schreiben, dichten – singen,
auch malen was die Hände bringen.
Das ganze Spektrum in der Kunst,
zu steigen in der Menschheit Gunst.
Doch all das will mir nicht gelingen.

So hab ich dieses Bild gemalt,
es ist inzwischen schon Jahre alt.
Was ich in diesem Bilde seh
ist die Freiheit am Bodensee -
und ist das Wasser noch so kalt.

Herbststurm, (2014) Acryl auf Keilrahmen 40 x 30

Was soll ich tun, was soll ich machen,
soll ich weinend weiter machen?
Die großen Künstler sind schon tot!
Die lebten wie ich, in der Not.
Und erst die Erben darüber lachen.

Des Fußgängers Leid

Fußgänger und Radler vertragen
sich nicht
ist so ´ne altbekannte Geschicht´.
So lief ich entspannt am See entlang,
war ohne Angst und auch nicht bang.
Ich wähnte mich auf der sicheren Seite,
vom Radler die Stadt doch den
Weg befreite.

So lief ich also in Gedanken dahin,
bis mich streifte eine Radfahrerin.
Lauthals begann ich über sie zu fluchen:
„Was hast denn du Tussi auf dem
Gehsteig zu suchen?
Hast nicht gesehen das blaue Schild,
und den Opa im Rollstuhl, der
fuchtelte wild?"

Zufällig hatte meinen Schirm ich dabei,
das war im Moment mir nicht einerlei!
Sie konnte meinem Stock nicht ´
mehr entweichen
der steckte inzwischen, zwischen
den Speichen.

So schlug sie perfekt einen Purzelbaum
doch Gottseidank war´s nur ein Traum
der entsprungen meiner Fantasie.
Denn machen würde ich
so etwas doch niiie!

Ein Tag zu Haus

Limerick

Am Sonntag verbringt der Opa Klaus
auch mal einen Tag zu Haus.
Fast kann er es nicht erwarten,
lockt im TV der Fernsehgarten.
Seiner Frau ist das ein Graus.

Hört mir zu

Deine Kinder strotzen
nur vor Temperament.
Sie tragen Sorge,
dass du nah´ am Wasser bist gebaut.
Sie sind immer in Bewegung
und das permanent,
von wem haben sie das wohl nur geklaut.

Vor Jahren schon dein Mann
ist einfach abgehauen,
ließ dich mit deinen Kindern
einfach sitzen.
Anstatt mit dir ein
kleines Haus zu bauen,
lässt er dich mit den Kindern schwitzen!

Hör mir zu was ich jetzt zu dir sage,
hör mir zu und denke stets daran.
Steckst du fest und hast ´ne dicke Frage
dann trau dich mit der Frage an mich ran.

Der ober-coole Typ aus dieser Discothek,
er macht einen auf Mega Hammer.
Doch für mich hat dieser Typ
´ne riesen Macke weg,
wohnt er zu Hause noch bei seiner Mama.

In deiner Tochter Herz
hinterlässt er tiefe Krater.
Ihr Puls von unten her,
geht viel zu steil bergauf.
Ich bin zwar von ihr nicht
der richtig echte Vater,
doch ist mein Ohr stets für euch beide auf

Hört mir zu, was ich jetzt zu Euch sage,
hört mir zu, und denkt beide stets daran.
Steckt Ihr fest, und habt ´ne dicke Frage,
dann traut Euch mit der Frage an mich ran

Die Zimmerlinde

An meinem Fenster steht Sieglinde,
das ist meine Zimmerlinde.
Was mich nun an der Aussicht stört,
das ist ihr dichtes Blätterwerk
was wächst aus ihrer Rinde.

In mir erwacht im Mann das Kinde,
ich geh zu meiner Zimmerlinde.
Zupfe hier und einmal dort,
schon bald sind alle Blätter fort.
Das war einmal Sieglinde.

Auf den Hund gekommen

Es ist ein modisch neuer Trend,
der Mensch ein Hund sein eigen nennt.
Briefträger tun sie gerne beißen,
ihm am Hosenbein rum reißen.
Der wäre besser weg gerennt!

Mein Hund mit Namen „Pluto" heißt,
er ist ganz brav, er niemals beißt.
Will auf Meisterschaft in führen,
und dort zum Rassen-Champion küren.
Obwohl er gleich wie „Waldi" scheißt.

In Mandys Café

Es gibt Tage, die mir nichts bringen,
Tage, an denen will nichts gelingen.
Mein Kopf ist vom Gefühl her leer,
Worte zu finden fällt mir dann schwer.
Etwas zu schreiben ist es mitnichten
doch sollte es passen zu den Geschichten.
Versuch ich es trotzdem und
mach den Beginn
dann hat die Story erst gar keinen Sinn.
Hab ich dann später die Worte sortiert,
den Sinn dieser Worte auch
schnell kapiert
dann setz ich´s zusammen in
Glied und reih´,
schon ist das Buchstaben Chaos vorbei.

Meist sitze ich bei einem Cafe,
egal ob im Sommer, oder bei Schnee

dort wo das Leben sich Leben nennt.

Oder auch auf dem Lande,

wo alles verpennt

Dann fließen Gedanken nur so dahin

die bis dato noch schlummerten in

meinem Gehirn.

Auch heute war es wieder soweit,

in Mandys Cafe, da saß ich heut.

So sitze ich bei Kaffee und Kuchen

den man hier sollte unbedingt versuchen.

Schön saß ich hier direkt an der Straße

gleich vorne bei der Rathaus Gasse.

Beinahe kommt ein Gefühl daher

als säße ich im Urlaub am Mittelmeer.

Rund herum pulsierte das Leben,

und ich im Cafe sitz direkt daneben.

Doch ist das alles nur Fantasie,

auch wäre noch länger ich gerne hier.

Ich bin hier nur im Hinterland,

wo manch einer schon seine Liebe fand.

Die Liebe zur Ruhe das ist es wohl,
hier auf dem Dorf man fühlt es ganz toll!
Kommst heute nicht, dann
vielleicht morgen
bist ferne ab der Großstadt Sorgen.
Man wird hier nicht vom
Feinstaub benommen,
von Hektik ist nicht viel mitzubekommen.
Es ist garantiert nichts Falsches daran,
fängt man den Tag gemächlich an.
Herzinfarkt? Nur keine Bange
wer langsam lebt, der lebt noch lange.

Mut zur Mode

(Limerick)

Eine großer schwarzer Cowboy Hut,
der kleidet manche Männer gut.
Mit Birkenstock statt Westernboots,
und Trachtenjanker viel zu kurz,
beweist uns Helmut modisch Mut.

Meist geschieht es nachts

Limerick

Musst´ ich des Nachts mal Wasser lassen,
oft nur Tropfen, keine Massen
lag meine Frau meist still und brav
mitten drin im Schönheitsschlaf.
Derweil im Schrank die Motten fraßen.

Der schöne alte Bahnhof

Ich fange ganz von vorne an
war Radolfzell doch Stadt der Bahn.
Menschen in Personenwagen
und Güter wurden umgeschlagen.
Der Bahnhof war das Tor zur Welt
und brachte in die Stadt viel Geld.
Doch das ist schon sehr lange her
den Bahnhof gibt´s so bald nicht mehr.
Es wird kräftig reduziert
Gebäude einfach weg geschmiert
und wie die Erde flach gemacht
für ein neues Bahnhofdach.

Wenn auch Historie noch so gefällt
regiert noch immer das Geld die Welt.
Was man für Abriss hat zu viel
reicht für ein altes Denkmal nie.
So sehe ich den alten Bahnhof
als wunderschönes Künstlerdorf.

Im ersten Stock ein kleines Kino
zeitlich passend zu Al Martino.
Also noch im alten Stil
Fänd´ ich´ erstrebenswert als Ziel.
Träumen von den guten alten
Zeiten die ich will für mich erhalten.
Die großen, alten Güterhallen
dürften manchen sehr gefallen.
Abgeteilt in kleine Räume
wären es der Künstler Träume.

Man könnte töpfern, malen, schreiben
oder sich sonst die Zeit vertreiben.
Zum Beispiel auch mit musizieren
während davor die Kurgäst´ flanieren.
Auf der Suche nach Urlaubsschnäppchen
greifen sie auch gehäkelte Läppchen
die im Atelier dahinter wurd´ hergestellt
in der historischen Bahnhofswelt.

Natürlich wäre mit dabei
die alte Fahrradflickerei.

Und neben dem Bahnhof,
noch auf der gleichen Seite
Parkplätze die Gäst´ erfreute
denn davon hat die Stadt zu wenig,
wobei doch Kunde sein soll König.

Zum See hin sind noch Bahngeleise,
die man nutzen könnte weise.
Umzubauen ging ratz fatz
zum Abenteuer Spiele Platz
für kleine und auch große Leute
deren es gibt viele heute.
Die dicke alte Dampflok
die früher noch ´ne Lore zog
gibt´s nur noch im Museum.
Wieso steht hier nicht eine rum?

Die Kinder hätten sehr viel Spaß,
auch Männeraugen würden nass
an so eine Erinnerung
die von gestern steht hier rum.
Lebendig wäre so ein Museum

fährt noch ne Lok auf Konschtanz num[22].
Tät unter Dampf den See lang dampfen,
im Speisewagen könnt man mampfen,
natürlich alles nur regional.
Dieser Trend wäre bei uns normal.
Könnt´ an der Bar noch einen trinken
und aus dem Fenster hinaus winken.
Man fühlte sich so, wie es früher war.
Mensch wäre das nicht wunderbar?

---

[22] Mundart: nach Konstanz hinüber

Vorn an der Straße ein Cafe
mit Kaffee, Kuchen und noch mehr
so wie man´s kennt vom Süden her,
Italien, Frankreich, Mittelmehr.
Wir müssten nicht mehr dorthin reisen
könnten Eis zu Hause speisen.
Auch wär alles nicht so teuer
und die an Plus machende Steuer
würd freuen unsern Bürgermeister
der hätt´ ein Topf mit Zusatzkleister.
Obwohl im Vorfeld Diskussion entfacht,
wurde der Bahnhof platt gemacht.
Der Plan entsprang nur meiner Fantasie,
denn geplant war solch ein Bahnhof nie.
Es war von mir nur so ein Gedanke,
der stand vor unsichtbarer Schranke.
Als Teil der Heimat er abgerissen,
auf meine Idee wurde einfach geschissen.

In gewöhnlicher, einfacher Umgangssprache alles gut durcheinander geschüttelt und in Reim-Form gefasst, ist es nicht ausgeschlossen, dass sich der eine oder andere selber in einer der humorvollen Kurzgeschichten zu erkennen glaubt. Bei diesen Beobachtungen aus dem Alltag.

Ein simples Gedicht zum Geburtstag, oder fast schon intime und persönliche Eindrücke über ein Blind-Date, heimliche Liebe und die damit verbundenen Situationen im Alltag generell. Humorvoll und stets mit einem ordentlichen Schuss Selbstironie.

Erhältlich bei: Verlag tredition GmbH, Hamburg

www.tredition.de

ISBN

978-3-7345-0971-1 (Paperback)

978-3-7345-0972-8 (Hardcover)

978-3-7345-0980-3 (e-Book)

Der kleine Stephan sollte, eigentlich wie immer am Montagmorgen zur Schule gehen. Eigentlich – aber heute hatte er einfach keine Lust dazu. So hat er sich etwas ganz besonderes einfallen lassen. So dachte er zumindest! Eine Kurzgeschichte für Schulanfänger.

Erhältlich bei: Verlag tredition GmbH, Hamburg

www.tredition.de

ISBN

978-3-7345-1553-8   (Paperback)

978-3-7345-1554-5   (Hardcover)

978-3-7345-1555-2   (e-Book)

Eine feste Anstellung, und eine tolle Familie hinter mir. Ich habe es geschafft, und stehe mit beiden Beinen fest im Leben. Dieser Meinung war ich so lange, bis ich eines Tages völlig unerwartet zusammenklappte, und mir mein Körper unmissverständlich sagte: "Stopp - bis hier her und nicht weiter!"

Eine autobiographische Erzählung, wie mich Stress am Arbeitsplatz in die Welt der Depression entführte, und ich mich danach, dank sofortiger, erfolgreicher therapeutischer Maßnahme, wieder neu erfinden durfte.

Erhältlich bei: Verlag tredition GmbH, Hamburg

www.tredition.de

ISBN

978-3-7345-1699-3   (Paperback)

978-3-7345-1700-6   (Hardcover)

978-3-7345-1701-3   (e-Book)

Zeitfracht Medien GmbH
Ferdinand-Jühlke-Straße 7
99095 Erfurt, Deutschland
produktsicherheit@kolibri360.de